이유있는

초이스
바른글씨 뽐내기

1단계

중앙입시교육연구원

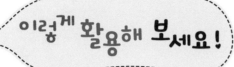

이렇게 활용해 보세요!

1 단원의 시작

학습을 시작하기 전, 글과 그림을 보고 공부할 단원의 학습 목표를 미리 떠올려 봅니다.

2 낱말 쓰기

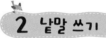

다양하고 재미있게 구성되어 있는 낱말을 또박또박 읽으면서 글씨를 바르게 써 봅니다.

3 따라 쓰기

문장의 뜻을 생각하면서 바른 자세로 투명 종이를 덮어 글씨를 바르게 따라 써 봅니다.

4 글씨 쓰기

해당 단원에서 공부한 낱말과 문장을 글자의 모양을 생각하며 빈칸에 반복하여 쓰면서 충실한 글씨 쓰기 연습을 하여 봅니다.

5 자음·모음 쓰기

한글은 자음과 모음의 결합 위치에 따라 모양이 조금씩
달라지므로 자음자와 모음자를 결합하는 방법을 익혀
바르고 예쁜 글씨를 써 봅니다.

6 문장 쓰기

'국어'에서 공부한 것과 관련된 여러 가지 이야기로
구성된 글을 쓰며, 낱말과 문장도 익히고 받아쓰기
시험에도 대비하여 봅니다.

7 배운 내용 정리하기

한 단원을 마치고 난 후, 공부한 내용을 간단히
정리할 수 있는 문제를 통해 한 번 더 복습하여 봅니다.

8 놀며 생각하기

재미있고 간단한 놀이를 통해 더욱 흥미롭고
창의적인 생각을 키웁니다.

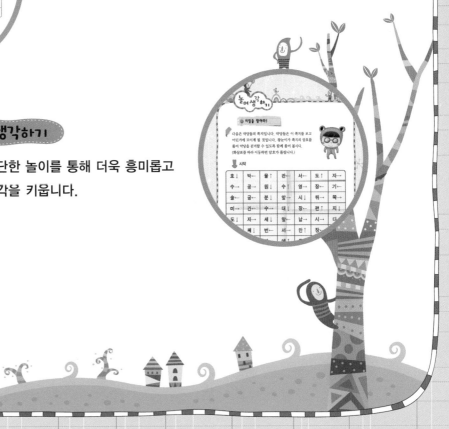

차례
1단계

① 바른 자세

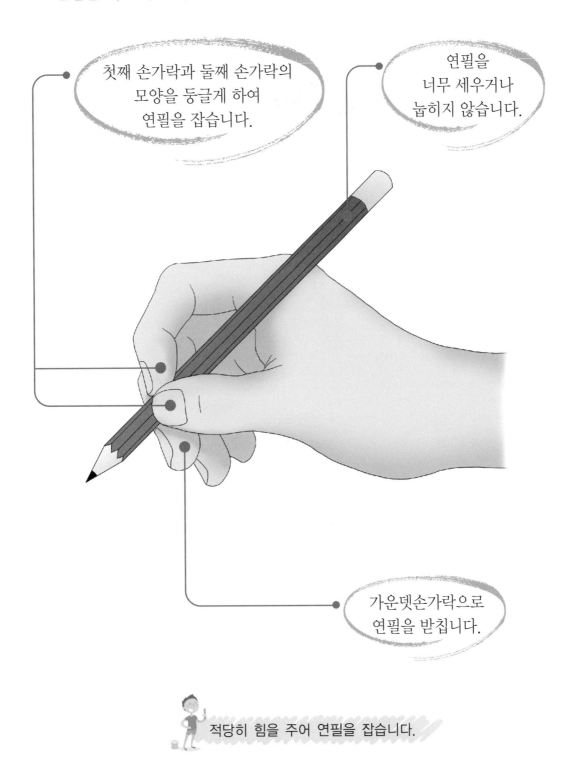

연필을 바르게 잡는 방법을 알아봅시다.

※ 연필을 바르게 잡아 봅시다.

첫째 손가락과 둘째 손가락의
모양을 둥글게 하여
연필을 잡습니다.

연필을
너무 세우거나
눕히지 않습니다.

가운뎃손가락으로
연필을 받칩니다.

적당히 힘을 주어 연필을 잡습니다.

바른 자세

1 다음은 글씨를 쓸 때의 바른 자세입니다.

고개를 조금만 숙입니다.

허리를 곧게 폅니다.

글씨를 쓰지 않는 손으로 공책을 살짝 눌러 줍니다.

엉덩이를 의자 뒤쪽에 붙입니다.

두 발은 바닥에 나란히 닿도록 합니다.

2 바른 자세로 앉아서 연필을 올바르게 잡고, 낱말을 바르게 따라 써 봅시다.

바	구	니

바	다

어	머	니

아	버	지

아	기

선	생	님

낱말 쓰기

①

나	비
나	비

②

우	리
우	리

③

시	계
시	계

④

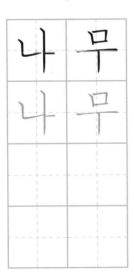

나	무
나	무

⑤

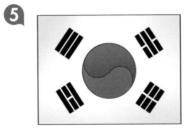

태	극	기
태	극	기

⑥

철	봉
철	봉

7 다음 낱말을 바르게 써 봅시다.

사 자	사 자	사 자
여 우	여 우	여 우
타 조	타 조	타 조
하 마	하 마	하 마
토 끼	토 끼	토 끼
노 루	노 루	노 루
거 미	거 미	거 미

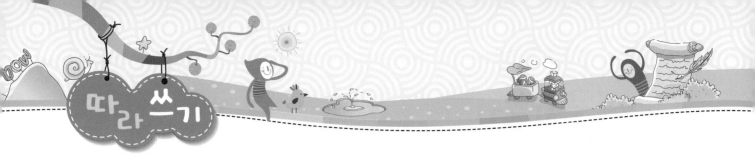

❶ 다음 글을 투명 종이 위에 따라 써 봅시다.

나,
너,
우리.
아버지,
우리 아버지.
어머니,
우리 어머니.
아기,
우리 아기.
우리 가족,
즐거운 가족,
행복한 가족,
우리는 행복해요.

1 시 〈우리는 하나〉의 내용을 바르게 써 봅시다.

우리는 하나

친구, 내 친구,

정다운 친구.

선생님, 선생님,

우리 선생님,

고마운 선생님.

학교, 우리 학교,

즐거운 학교.

나, 친구, 선생님,

모두 모여

우리는 하나.

우리 학교 선생님

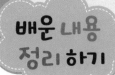

① 바르게 앉아 글씨를 쓰고 있는 친구에게는 ○표를, 바르지 못하게 앉아 글씨를 쓰고 있는 친구에게는 ×표를 해 봅시다.

(1)

다리를 꼬고 앉아 턱을 괴고 글씨를 쓰고 있습니다.

(2)

엉덩이를 뒤로 빼고, 책상에 엎드려 글씨를 쓰고 있습니다.

(3)

다리를 벌리고 앉아 공책을 삐뚤게 놓았습니다.

(4)

허리를 곧게 펴고, 엉덩이를 의자 뒤쪽에 붙이고 앉았습니다.

② 다음 그림이 나타내는 낱말을 바르게 써 봅시다.

(1)
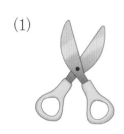

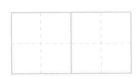

(2)

(3)

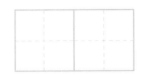

놀며 생각하기

 삼행시를 지어 보아요

📢 다음 **보기**와 같이 자신의 이름으로 삼행시를 지어 봅시다.

> **보기**
>
> 박 – 박력있는 박지성 선수는
>
> 지 – 지고 있더라도
>
> 성 – 성공적으로 경기를 이끌어요.

▶ 내 이름

2 재미있는 낱자

 바른 글씨를 알아봅시다.

※ 다음 중 글씨를 바르게 쓴 것에는 ○표를, 그렇지 않은 것에는 ×표를 해 봅시다.

(1)

(   )

(2)

(   )

 자음과 모음을 순서에 맞게 써야 글씨가 바르고 예뻐집니다.

자음 · 모음 쓰기

1 다음 빈칸에 알맞은 글자를 써넣어 표를 완성해 봅시다.

모음자 자음자	ㅏ	ㅑ	ㅓ	ㅕ	ㅗ	ㅛ	ㅜ	ㄲ	ㅡ	ㅣ
ㄱ	가									
ㄴ		냐								
ㄷ			더							
ㄹ				려						
ㅁ					모					
ㅂ						뵤				
ㅅ							수			
ㅇ							요	유		
ㅈ					조				즈	
ㅊ				쳐						치
ㅋ			커							
ㅌ		탸								
ㅍ	파									
ㅎ										

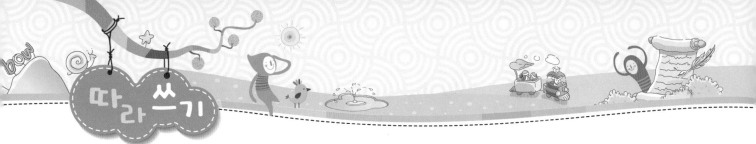

1 〈나무 노래〉의 내용을 투명 종이 위에 따라 써 봅시다.

		나	무		노	래		
나	무		무	슨		나	무	
가	자		가	자		감	나	무
오	자		오	자		옻	나	무
가	다		보	니		가	닥	나	무
오	자	마	자		가	래	나	무
앵	도	라	진		앵	두	나	무
배	가		아	파		배	나	무
바	람		솔	솔		소	나	무
감	나	무		가	닥	나	무	
배	나	무		가	래	나	무	
소	나	무		앵	두	나	무	

글씨쓰기

1 글 〈내 꿈〉의 내용을 바르게 써 봅시다.

	나	는		김	슬	기	입	니	다	.
		나	는		별	나	라	에		누
가		사	는	지		궁	금	합	니
다	.		우	주	선	을		타	고
별	나	라	에		가		보	고
싶	습	니	다	.				

❶ 숨은 그림에서 자음자를 찾아 ○표를 해 봅시다.

(숨은 자음 : ㄱ, ㄴ, ㄷ, ㄹ, ㅁ, ㅂ, ㅅ)

❷ 자음자의 이름을 알아보고, 'ㄱ'부터 'ㅅ'까지 순서에 맞게 써 봅시다.

기역	니은	디귿	리을	미음	비읍	시옷
ㄱ	ㄴ	ㄷ	ㄹ	ㅁ	ㅂ	ㅅ
ㄱ	ㄴ	ㄷ	ㄹ	ㅁ	ㅂ	ㅅ

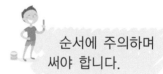

순서에 주의하며
써야 합니다.

3 자음자의 이름을 알아보고, 'ㅇ'부터 'ㅎ'까지 순서에 맞게 써 봅시다.

이응	지읒	치읓	키읔	티읕	피읖	히읗
ㅇ	ㅈ	ㅊ	ㅋ	ㅌ	ㅍ	ㅎ
ㅇ	ㅈ	ㅊ	ㅋ	ㅌ	ㅍ	ㅎ

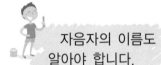

자음자의 이름도
알아야 합니다.

4 다음 낱말을 자음자의 모양에 유의하여 바르게 써 봅시다.

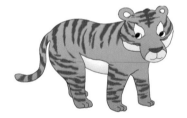

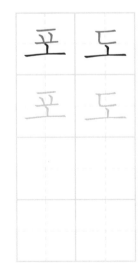

모음자 쓰기

1 모음자의 이름을 알아보고, 'ㅏ'부터 'ㅣ'까지 순서에 맞게 써 봅시다.

아	야	어	여	오	요	우	유	으	이
ㅏ	ㅑ	ㅓ	ㅕ	ㅗ	ㅛ	ㅜ	ㅠ	ㅡ	ㅣ
ㅏ	ㅑ	ㅓ	ㅕ	ㅗ	ㅛ	ㅜ	ㅠ	ㅡ	ㅣ

2 다음 낱말을 모음자의 모양에 유의하여 바르게 써 봅시다.

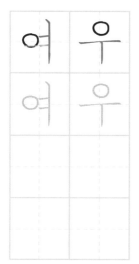

여 우

사 과

고 양 이

글자 만들기

1 다음 자음자와 모음자를 합하여 글자를 만들어 봅시다.

(1)
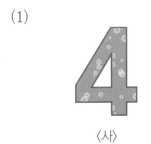

〈사〉

ㅅ + ㅏ = 사

자음자   모음자   글자

사				

(2)
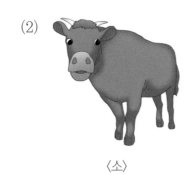

〈소〉

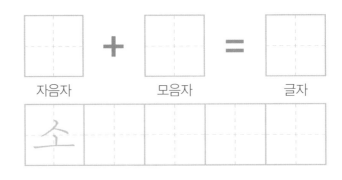

자음자   모음자   글자

소				

(3)
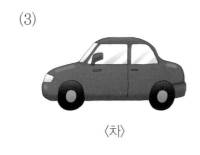

〈차〉

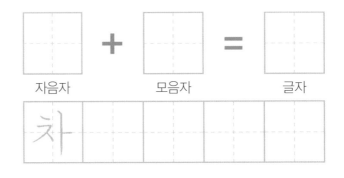

자음자   모음자   글자

차				

(4)

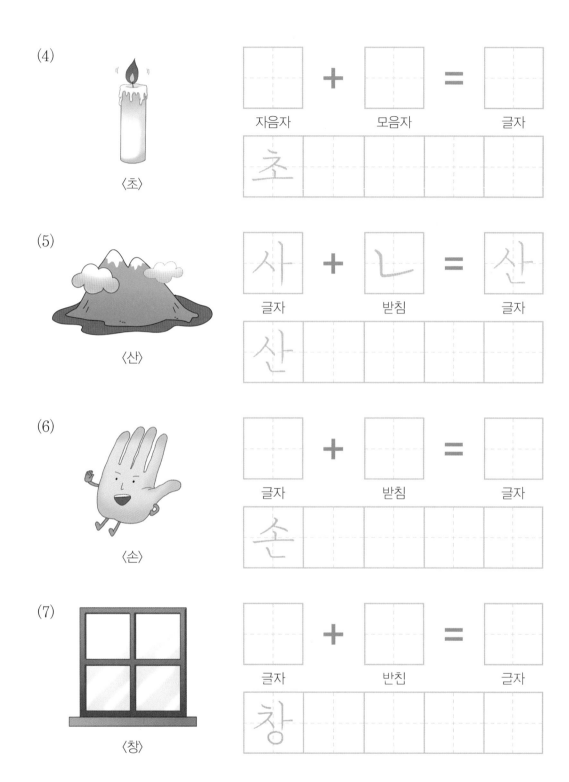

| | 자음자 | + | 모음자 | = | 글자 |

| 초 | | | | |

(5)

| 사 | + | ㄴ | = | 산 |
| 글자 | | 받침 | | 글자 |

| 산 | | | | |

(6)

| | + | | = | |
| 글자 | | 받침 | | 글자 |

| 손 | | | | |

(7)

| | + | | = | |
| 글자 | | 받침 | | 글자 |

| 창 | | | | |

 자음자와 모음자가 만나면 받침이 없는 글자가 됩니다.
또한 받침이 없는 글자에 자음자를 더하면 받침이 있는 글자가 됩니다.

1 어떤 글자가 공통으로 들어갔는지 찾아보고 바르게 써 봅시다.

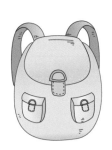

가 방
가 방

가 수
가 수

가 위
가 위

2 같은 소리로 시작하는 글자 '가' 를 바르게 써 봅시다.

ㄱ + ㅏ = 가

가 가 가

3 어떤 글자가 공통으로 들어갔는지 찾아보고 바르게 써 봅시다.

개	나	리	병	아	리	항	아	리
개	나	리	병	아	리	항	아	리

4 같은 소리로 끝나는 글자 '리'를 바르게 써 봅시다.

리	리	리				

5 글자의 짜임을 생각하며 바르게 써 봅시다.

소	소	소
소		
바위	바위	바위
바위		
차	차	차
차		
여우	여우	여우
여우		
초	초	초
초		
오리	오리	오리
오리		

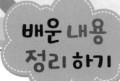

1 다음 중 자음자를 쓰는 순서가 바르지 <u>않은</u> 것은 어느 것인가요? (   )

①   ② 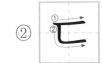   ③   ④   ⑤

2 다음 자음자의 이름을 바르게 써 봅시다.

(1) 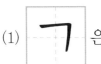 은 [　　　] 이라고 읽습니다.

(2) 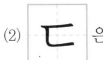 은 [　　　] 이라고 읽습니다.

(3)  은 [　　　] 이라고 읽습니다.

3 그림을 보고, '리' 자로 끝나는 세 글자 낱말을 써 봅시다.

(1)    (2)    (3)

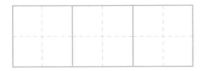      

놀며 생각하기

● 보물을 찾아라

ⓐ 아래에는 보물이 숨어 있습니다. 보물은 친구 사이에 소중히 여겨야 하는 것입니다. 보물을 찾는 방법을 읽어 보고 보물을 찾아봅시다.

보물 찾는 방법

아래 그림의 노란색 칸에 있는 자음자나 모음자와 같은 글자를 색연필로 색칠해 봅시다. 그러면 보물이 글자로 보입니다.

ㄱ	ㅎ	ㄱ	ㄱ	ㄱ	ㅎ	ㅎ	ㅎ	ㄱ	ㄱ	ㄱ	ㄱ	ㅎ	ㄱ
ㄷ	ㄷ	ㅂ	ㅂ	ㅂ	ㄷ	ㅂ	ㅂ	ㅂ	ㅂ	ㄷ	ㄷ	ㅂ	ㄷ
ㅁ	ㄹ	ㅁ	ㅁ	ㅁ	ㄹ	ㄹ	ㄹ	ㄹ	ㅁ	ㅁ	ㄹ	ㅁ	ㅁ
ㅅ	ㅊ	ㅊ	ㅊ	ㅊ	ㅊ	ㅊ	ㅊ	ㅅ	ㅊ	ㅊ	ㅅ	ㅊ	ㅅ
ㅏ	ㅏ	ㅏ	ㅏ	ㅏ	ㅏ	ㅐ	ㅐ	ㅐ	ㅐ	ㅐ	ㅐ	ㅐ	ㅐ
ㅓ	ㅛ	ㅛ	ㅓ	ㅛ	ㅛ	ㅛ	ㅛ	ㅛ	ㅓ	ㅓ	ㅓ	ㅓ	ㅛ
ㅗ	ㅣ	ㅣ	ㅗ	ㅣ	ㅣ	ㅣ	ㅣ	ㅗ	ㅣ	ㅣ	ㅣ	ㅣ	ㅗ
ㅠ	ㅡ	ㅡ	ㅠ	ㅡ	ㅡ	ㅡ	ㅡ	ㅡ	ㅠ	ㅠ	ㅠ	ㅠ	ㅡ

▶ 위의 색칠한 부분을 봅시다. 어떤 글자가 보입니까?

내가 찾은 보물은 ＿＿＿＿＿＿＿＿＿입니다.

3 기분을 나타내는 말

 기분에 어울리는 표정을 그려 봅시다.

기 뻐 요

기 뻐 요

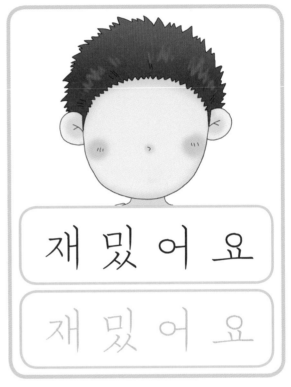

재 밌 어 요

재 밌 어 요

슬 퍼 요

슬 퍼 요

지 루 해 요

지 루 해 요

1 기분을 나타내는 말을 바르게 써 봅시다.

화 나 요.　지 루 해 요.
화 나 요.　지 루 해 요.

기 뻐 요.　슬 퍼 요.
기 뻐 요.　슬 퍼 요.

부 끄 러 워 요.　좋 아 요.
부 끄 러 워 요.　좋 아 요.

즐 거 워 요.　행 복 해 요.
즐 거 워 요.　행 복 해 요.

기분을 나타내는 말

1 기분을 나타내는 말을 바르게 써 봅시다.

섭	섭	하	다
섭	섭	하	다

속	상	하	다
속	상	하	다

미	안	하	다
미	안	하	다

사	랑	스	럽	다
사	랑	스	럽	다

반	갑	다
반	갑	다

설	레	다
설	레	다

놀	랍	다
놀	랍	다

2 상태를 나타내는 말을 바르게 써 봅시다.

보드랍다

피곤하다

깨끗하다

지저분하다

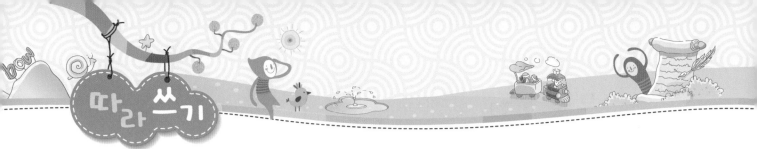

1 그림 동화 〈고양이는 나만 따라 해〉의 내용을 투명 종이 위에 따라 써 봅시다.

내 친구는 고양이
밖에 없고, 고양이
친구도 나밖에 없고.
저녁나절, 엄마 오
는 소리인가 발소리
에 귀 기울여 보아,
나도 고양이도.
그런데 오늘부터는 ∨
내가 고양이를 따라 ∨
해야지. 고양이처럼
깜깜한 창밖을 찬찬
히 살펴보는 거야.
그래도 무섭지 않아.

1 듣는 사람을 기분 좋게 하는 고운 말을 바르게 써 봅시다.

예뻐! 행복해!

괜찮아! 미안해!

참 착하구나.

참 친절하구나.

고 마 워 ！　대 단 해 ！
고 마 워 ！　대 단 해 ！

사 랑 해 ！　최 고 야 ！
사 랑 해 ！　최 고 야 ！

넌 　역 시 　멋 져 ！
넌 　역 시 　멋 져 ！

힘 내 ！　잘 했 어 ！
힘 내 ！　잘 했 어 ！

모습 · 동작

1 그림을 보고, 동물 친구들의 행동에서 칭찬할 점을 써 봅시다.

원	숭	이		재	주	넘	기
원	숭	이		재	주	넘	기

베	짱	이		친	구		돕	기
베	짱	이		친	구		돕	기

코끼리 불 끄기

코끼리 불 끄기

거북이 친구 치료

거북이 친구 치료

악어 마을 청소

악어 마을 청소

1 자음자가 위치에 따라 모양이 달라지는 낱말을 살펴봅시다.

나	비		가	위		동	생
단	비		최	고		대	화

나 의 자음자 'ㄴ'의 모양은 [ㄴ] 입니다.

단 의 자음자 'ㄴ'의 모양은 [ㄴ] 입니다.

'나'의 자음자 'ㄴ'과 '단'의 자음자 'ㄴ'은 모양과 크기가 서로 다릅니다.
위치에 따라 달라지는 모양과 크기에 유의하면서 글을 써야 예쁜 글씨가 됩니다.

2 자음자 'ㅋ'은 위치에 따라 모양이 약간씩 달라집니다. 모양에 유의하여 글자를
바르게 써 봅시다.

카							
카							
코							
코							

3 자음자 'ㄴ'에 유의하여 문장을 바르게 써 봅시다.

우	리	는		날	마	다		인
우	리	는		날	마	다		인
사	를		나	눕	니	다	.	그	런
사	를		나	눕	니	다	.	그	런
데		나	라	마	다		인	사	하
데		나	라	마	다		인	사	하
는		법	이		다	릅	니	다	.
는		법	이		다	릅	니	다	.

4 자음자 'ㄷ'에 유의하여 낱말을 바르게 써 봅시다.

동	생
동	생

다	릅	니	다
다	릅	니	다

5 자음자 'ㄷ'에 유의하여 문장을 바르게 써 봅시다.

나	와	내	동	생	은
나	와	내	동	생	은

음	식	먹	는	습	관	이
음	식	먹	는	습	관	이

서	로	다	릅	니	다	.
서	로	다	릅	니	다	.

❶ 다음 중 글씨를 바르게 쓸 때, 자음자 'ㄴ'의 위치에 따른 모양이 **보기**와 같은 것
은 어느 것인가요? (   )

보기 ○○○○──────────────────────────────

인 사

① 나 라   ② 누 이   ③ 자 녀

④ 연 기   ⑤ 농 담

❷ 낱말 나 비 의 자음자 'ㄴ'과 같은 모양으로 써야 하는 낱말은 무엇인가요? (   )

① 노 루   ② 누 에   ③ 단 비

④ 나 무   ⑤ 온 돌

❸ 낱말 가 위 의 자음자 'ㄱ'과 같은 모양으로 써야 하는 낱말은 무엇인가요? (   )

① 옥 빛   ② 고 통   ③ 공 사

④ 욕 심   ⑤ 가 지

놀며 생각하기

● 다른 그림 찾기

ⓐ 다음 두 그림을 살펴보고, 다른 곳을 찾아 ○표를 해 봅시다.
(총 5부분이 서로 다릅니다.)

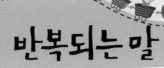

4 반복되는 말

 반복되는 말을 알아봅시다.

※ 다음 그림의 꽃잎과 벽돌에 반복되는 말이 적혀 있습니다. 색연필로 꽃잎과 벽돌을 칠하면서 반복되는 말을 살펴봅시다.

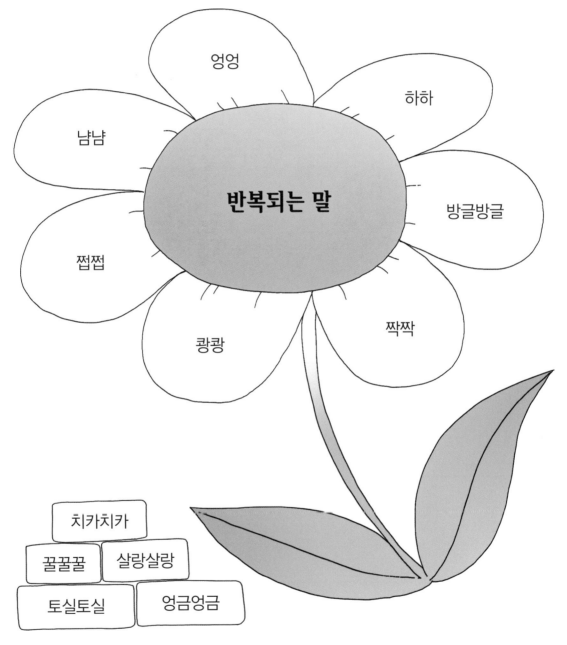

엉엉

하하

냠냠

반복되는 말

방글방글

쩝쩝

짝짝

쾅쾅

치카치카

꿀꿀꿀   살랑살랑

토실토실   엉금엉금

 이 단원에서는 반복되는 말을 중심으로 바르고 예쁘게 글을 써 봅시다.

반복되는 말

1 시 〈오는 길〉에 나오는 반복되는 말을 바르게 써 봅시다.

배	틀	배	틀	발	름	발	름	솔	솔
배	틀	배	틀	발	름	발	름	솔	솔

타	박	타	박	깡	충	깡	충	깔	깔
타	박	타	박	깡	충	깡	충	깔	깔

1 시 〈오는 길〉의 내용을 바르게 써 봅시다.

오는 길
오는 길

재잘대며 타박타박
재잘대며 타박타박

걸어오다가
걸어오다가

앙감질로 깡충깡충
앙감질로 깡충깡충

뛰어오다가
뛰어오다가

깔깔대며　배틀배틀
깔깔대며　배틀배틀

쓰러집니다.
쓰러집니다.

2 시 〈아기의 대답〉의 내용을 바르게 써 봅시다.

아 기 의　대 답

박 목 월

신 규 야　부 르 면

코 부 터　발 름 발 름

대답하지요.

신규야 부르면

눈부터 생글생글

대답하지요.

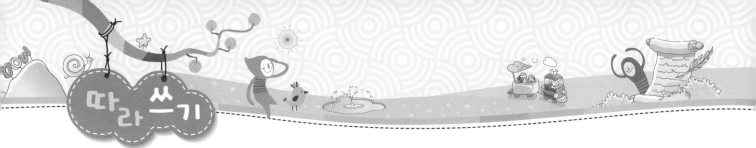

1 시 〈그만뒀다〉의 내용을 투명 종이 위에 따라 써 봅시다.

	그	만	뒀	다	
신	발	물	어	던	진
강	아	지	녀	석	
혼	내	주	려	다	
그	만	뒀	다	.	
살	래	살	래	흔	드 는
고	꼬	리	땜	에	…… .
우	유	병	넘	어	뜨 린
고	양	이	녀	석	
꿀	밤	을	먹	이	려 다
그	만	뒀	다	.	
쫑	긋	쫑	긋	세	우 는
고	귀	땜	에	……	.

글씨쓰기

1 반복되는 말의 느낌을 생각하며 바르게 써 봅시다.

뚜	,	뚜	.
뚜	,	뚜	.

똑	,	똑	.
똑	,	똑	.

방	긋	방	긋
방	긋	방	긋

쫑	긋	쫑	긋
쫑	긋	쫑	긋

살	래	살	래
살	래	살	래

콩	콩	콩	콩
콩	콩	콩	콩

2 글 〈송아지와 바꾼 무〉의 내용을 바르게 써 봅시다.

	농	부	가		밭	에	서		무
를		뽑	고		있	었	습	니	다 .
희	고		탐	스	러	운		무	가 ∨
쑥	쑥		뽑	혀		나	왔	습	니
다 .	농	부	는		어	깨	가		
들	썩	들	썩	하	였	습	니	다 .	

1 글 〈괜찮아〉의 내용을 바르게 써 봅시다.

개	미	는		작	아 .
영	차	,	영	차	.
나	는		힘	이	세 .
고	슴	도	치	는	
가	시	가		많	아 .
뾰	족	뾰	족		뾰 족 뾰 족

나는 무섭지 않아.

타조는 못 날아.

나는 빨리 달려.

기린은 목이 너무ᐁ
길어.

길쭉길쭉 길쭉길쭉

나는 높이 닿아.

그럼 너는?

괜찮아!

나는 세상에서 가

장 크게 웃을 수

있어.

1 다음 그림을 보고, 그림에 알맞은 말을 **보기**에서 골라 빈칸에 써넣어 봅시다.

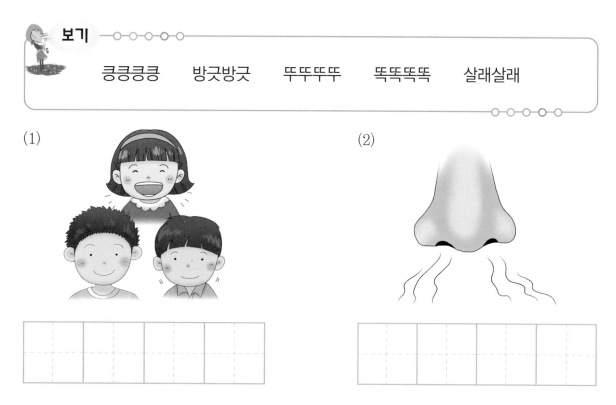

> **보기**
>
> 콩콩콩콩   방긋방긋   뚜뚜뚜뚜   똑똑똑똑   살래살래

(1)

(2)

2 그림에 알맞은 말을 찾아 선으로 이어 봅시다.

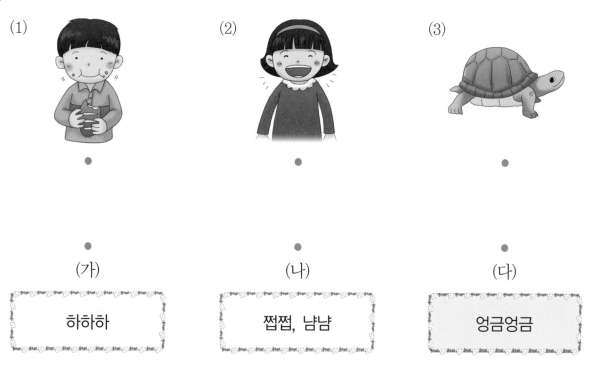

(1)

(2)

(3)

(가)

(나)

(다)

하하하

쩝쩝, 냠냠

엉금엉금

놀며생각하기

● 즐거운 낱말 퍼즐

다음 **보기**에 주어진 동물들을 ←↑→↓↖↗↘↙ 방향으로 찾아 여러 가지 색연필로 색칠해 봅시다. (단, 겹치지 않도록 색칠해야 합니다.)

보기

토끼, 강아지, 송아지, 망아지, 악어, 표범, 호랑이, 여우, 늑대, 사자, 하이에나, 코끼리, 타조, 독수리, 하마, 얼룩말, 돌고래, 캥거루, 스컹크, 펭귄

하	강	섭	달	마	크	림	말	룩	얼
막	이	만	찬	컹	멍	국	캥	한	래
강	언	에	스	권	암	닭	거	산	고
마	하	엉	나	터	펭	고	루	강	돌
환	군	독	선	강	아	지	머	끼	토
장	수	황	명	조	자	라	지	아	망
리	던	턴	타	혼	지	아	송	훈	악
탕	리	알	살	우	여	던	이	룰	어
자	홍	끼	장	늑	대	국	장	랑	삼
사	콩	환	코	방	콕	표	범	렁	호

 글을 알맞게 띄어 읽어야 하는 까닭에 대하여 알아봅시다.

※ 띄어쓰기에 따라 의미가 달라지는 문장을 살펴봅시다.

아이가아파요

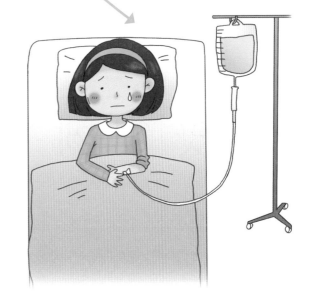

| 아! 이가 아파요 | 아이가 아파요 |

| 아! 이가 아파요 | 아이가 아파요 |

 같은 문장도 띄어쓰기에 따라 여러 가지 의미가 되지요? 그러므로
글의 뜻을 정확하게 전달하기 위해서는 올바른 띄어쓰기를 해야 합니다.

1 다음 문장을 바르게 띄어쓰기하여 써 봅시다.

(1) 생일잔치를했다.

	생	일	잔	치	를		했	다	.
	생	일	잔	치	를		했	다	.

(2) 맛있게먹었다.

	맛	있	게		먹	었	다	.	
	맛	있	게		먹	었	다	.	

(3) 과자를사먹었다.

	과	자	를		사		먹	었	다	.
	과	자	를		사		먹	었	다	.

띄어쓰기

1 다음 문장을 띄어쓰기에 유의하여 바르게 옮겨 써 봅시다.

아버지 ∨ 가방에 ∨ 들어가시다.

아	버	지		가	방	에		들
어	가	시	다	.				

아버지가 ∨ 방에 ∨ 들어가시다.

아	버	지	가		방	에		들
어	가	시	다	.				

문장 부호

1 문장 부호의 이름과 쓰임을 알아봅시다.

마침표	쉼표

설명하는 문장 끝에 씁니다.	부르는 말 뒤에 씁니다.
예문) 내 이름은 현정이야.	예문) 현정아,
느낌표	물음표
느낌을 나타내는 문장 끝에 씁니다.	묻는 문장 끝에 씁니다.
예문) 아름답구나!	예문) 놀랍지?
작은따옴표	큰따옴표
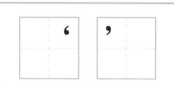	
인물이 마음속으로 한 말을 적을 때 씁니다.	인물이 소리 내어 말한 것을 적을 때 씁니다.
예문) '도대체 어디에 간 거니?'	예문) "축구하러 갈래?"

2 띄어 읽기를 표시하는 기호를 알아봅시다.

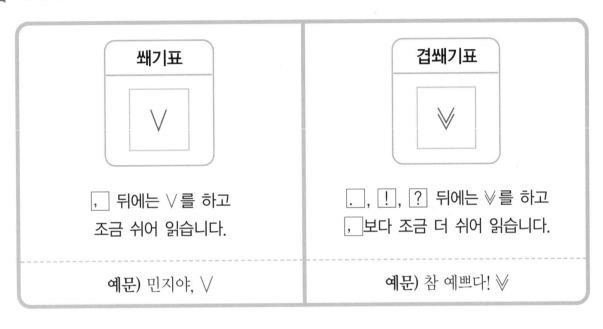

쐐기표	겹쐐기표
∨	∨∨
⌐, ⌐ 뒤에는 ∨를 하고 조금 쉬어 읽습니다.	⌐.⌐, ⌐!⌐, ⌐?⌐ 뒤에는 ∨∨를 하고 ⌐,⌐ 보다 조금 더 쉬어 읽습니다.
예문) 민지야, ∨	예문) 참 예쁘다! ∨∨

글이 끝나는 곳에서는 ∨∨를 하지 않습니다.

3 문장 부호와 그 이름을 알맞게 선으로 이어 봅시다.

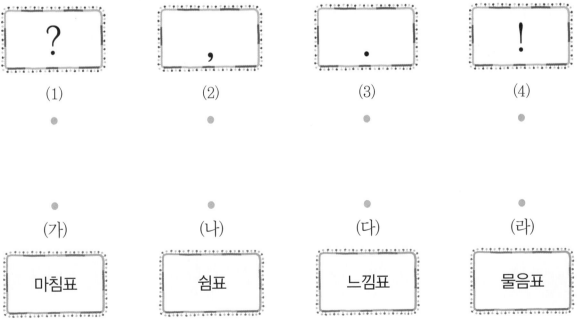

?	,	.	!
(1)	(2)	(3)	(4)

(가)	(나)	(다)	(라)
마침표	쉼표	느낌표	물음표

4 글 〈슬퍼하는 나무〉의 내용을 바르게 써 봅시다.

"하나, ∨둘, ∨셋, ∨넷, ∨다섯 ∨마리로구나. ∨∨허리춤에 ∨넣어 ∨갈까,
∨둥지째 ∨떼어 ∨갈까?"

	"	하	나	,	둘	,	셋	,	넷	,
	다	섯		마	리	로	구	나	.	
	허	리	춤	에		넣	어		갈	
	까	,	둥	지	째		떼	어		
	갈	까	?	"						

문장 쓰기

1 문장 부호에 유의하여 문장을 바르게 써 봅시다.

(1) "나의 어머니!"

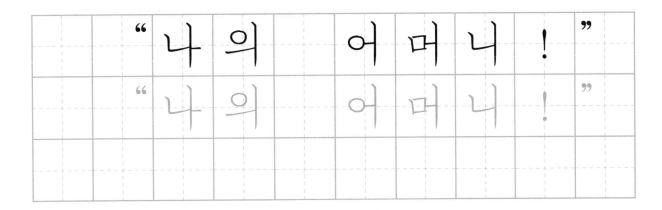

(2) '그쳐라, 밥!'

(3) "나와라, 소금!"

		"	나	와	라	,	소	금	!	"	
		"	나	와	라	,	소	금	!	"	

2 문장 부호에 유의하여 문장을 바르게 써 봅시다.

"아니, 뭐라고?"

"싫어!"

"민수야, 안녕?"

3 색칠된 빈칸에 들어갈 알맞은 문장 부호를 써넣어 봅시다.

(1) 정환아　안녕

(2) 어머　　누구세요

(3) 나는　8살입니다

1 민지가 쓴 쪽지 글을 투명 종이 위에 따라 써 봅시다.

현수야, 안녕?
　네가　준　강아지와 ∨
친한　친구가　되었어.
고마워!
　이름은　초롱이야.
눈빛이　별처럼　초롱
초롱해서　초롱이란다.
　초롱이가　얼마나
컸는지　궁금하지?
　다음에　초롱이와
함께　만나자.

　　　　　　　　민지가

글씨쓰기

1 다음 현수의 쪽지 글을 읽고, 문장 부호가 빠진 문장에 문장 부호를 넣어 바르게 써 봅시다.

민지야 잘 있었니?
강아지 이름을 초롱이라고 지었구나. 참 예쁘다
초롱이와 좋은 친구가 되었다니 기뻐.
초롱이도 너와 친구가 되어 좋아할 거야.
나도 초롱이가 보고 싶어
초롱이와 함께 우리 집에 놀러 올래
현수가

(1) 민지야,

민	지	야	,	
민	지	야	,	

(2) 예쁘다!

예	쁘	다	!	
예	쁘	다	!	

(3) 나도 초롱이가 보고 싶어.

나	도		초	롱	이	가		보
나	도		초	롱	이	가		보
고		싶	어	.				
고		싶	어	.				

(4) 우리 집에 놀러 올래?

우	리		집	에		놀	러	
우	리		집	에		놀	러	
올	래		?					
올	래		?					

1 글 〈소 세 마리〉의 내용을 바르게 써 봅시다.

		"얘	들	아	,	우	리		힘
		"얘	들	아	,	우	리		힘
을		합	칠	까	?	"			
을		합	칠	까	?	"			
		"좋	아	!	"				
		"좋	아	!	"				
		"아	이	코	,	아	이	코	!	"
		"아	이	코	,	아	이	코	!	"

배운 내용 정리 하기

① 다음 문장을 띄어쓰기에 유의하여 바르게 옮겨 써 봅시다.

> 며칠이∨지나서∨와∨보니,∨새는∨한∨마리도∨없고∨둥지만∨달린∨나무가∨바람에∨울고∨있었습니다.

② 색칠된 빈칸에 들어갈 알맞은 문장 부호를 **보기**에서 골라 써넣어 봅시다.

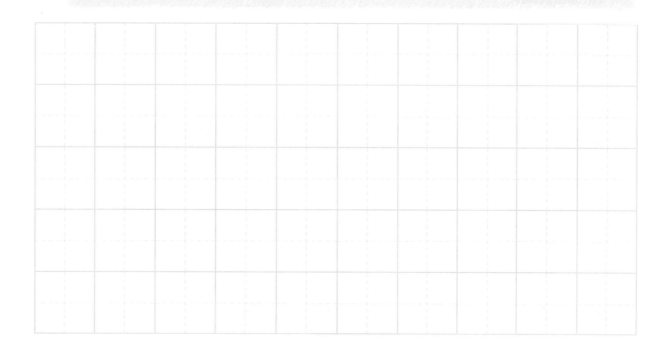

보기

" "   !   ?   ,

(1) 넌   누구니

(2)   지은아   생일   축
하 해

놀며 생각하기

● 낱말 만들기 놀이

놀이방법

❶ 나무 속의 글자를 이용하여 낱말을 만들어 봅시다.

❷ 만든 낱말을 써 봅시다.

★ _____

★ _____

★ _____

★ _____

6 틀리기 쉬운 낱말

 틀리기 쉬운 낱말을 알아봅시다.

※ 옳은 낱말이 무엇인지 살펴봅시다.

아침에는 (해님 / 햇님)이 활짝 인사합니다.

※ 붉은색으로 표시되어 있는 옳은 낱말을 살펴봅시다.

꾸중을 들으니 기분이 (몹시 / 몹씨) 좋지 않았다.

수진이의 짝은 (심술쟁이 / 심술장이)입니다.

(갑자기 / 갑짜기) 비가 쏟아졌다.

 한글에는 소리 나는 그대로 적는 낱말도 있고, 그렇지 않은 낱말도 있습니다. 맞춤법에 맞게 바르고 정확하게 사용해야 합니다.

틀리기 쉬운 낱말

1 다음 글의 빨간색 글자를 맞춤법에 유의하면서 바르게 써 봅시다.

> 학교에 도착하자, 수진이는 짝이었던 심술쟁이 종수를 알은체도 하지 않았습니다. 그 대신 착하고 친절한 영호를 살짝 쳐다보았습니다. 드디어 선생님께서 수진이의 이름을 부르셨습니다.
> 수진이의 가슴이 콩닥콩닥 뛰었습니다. 마음이 조마조마하였습니다.
> '누구와 짝꿍이 될까?'
> "오철규!"
> 선생님께서 철규의 이름을 부르는 순간, 수진이는 울상이 되고 말았습니다.

심	술	쟁	이
심	술	쟁	이

조	마	조	마
조	마	조	마

짝	꿍
짝	꿍

울	상
울	상

알	은	체
알	은	체

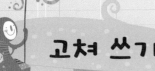

고쳐 쓰기

❶ 다음 문장의 빈칸에 들어갈 옳은 낱말을 골라 써넣어 봅시다.

(1) 선녀와 ⬚⬚⬚ 은 우리나라의 전래 동화야.

(나무꾼 / 나무군)

(2) ⬚⬚⬚ 바람이 불어와서 모자가 날아갔다.

(갑자기 / 갑짜기)

(3) 나는 세상에서 ⬚⬚⬚ 가 가장 좋아.

(떡뽁이 / 떡볶이)

(4) ⬚⬚⬚ 에는 역시 달걀을 넣어야 맛있지.

(볶음밥 / 뽂음밥)

❷ 다음 그림이 나타내는 낱말을 바르게 써 봅시다.

| 나 | 무 | 꾼 | 떡 | 볶 | 이 | 볶 | 음 | 밥 |

❸ 낱말이 바르게 쓰인 팻말을 따라 학교로 가 봅시다.

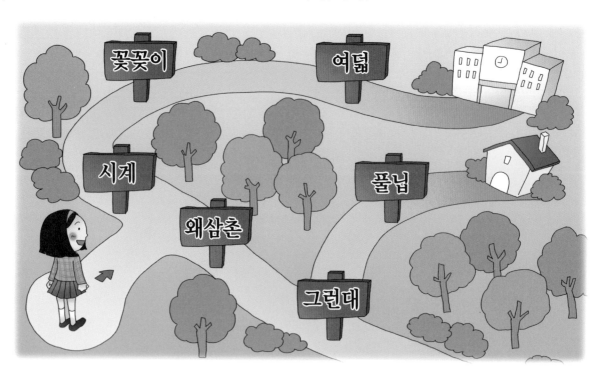

❹ 팻말에 쓰인 낱말 가운데 잘못 쓴 낱말을 바르게 고쳐 써 봅시다.

왜	삼	촌

⇩

외	삼	촌
외	삼	촌

그	런	대

⇩

그	런	데
그	런	데

풀	닙

⇩

풀	잎
풀	잎

5 다음 글을 보고, 잘못 쓴 글자를 바르게 고쳐 써 봅시다.

> 대한민국을 소개합니다.
>
> 우리나라에는 봄, 여름, 가을, 겨울 <u>사게절</u>이 있습니다. 여름은 덥고, 겨울은 춥습니다. 봄은 따뜻하고 가을은 시원합니다. 특히 가을에는 <u>나문닙</u>이 물들어 산과 들이 아름답습니다.
>
> 우리나라 사람들은 밥과 국, 김치를 주로 먹습니다. 밥을 먹을 때에는 <u>수까락</u>과 젓가락을 사용합니다.

사	게	절

⇓

사	계	절

나	문	닙

⇓

나	뭇	잎

수	까	락

⇓

숟	가	락

6 다음 **보기**를 읽어 보고, 옳은 낱말을 골라 문장을 다시 써 봅시다.

보기

○○이? ○○히?

읽을 때에 '이'로만 소리 나면 '○○이'로 적고, '이'나 '히' 소리가 나면 '○○히'로 적으면 됩니다.

(1) 배가 불러서 (도저이 / 도저히) 더 못 먹겠어.

→ _____

(2) 선생님께서 숙제를 (꼼꼼히 / 꼼꼼이) 검사하셨다.

→ _____

7 다음 문장에서 잘못 쓴 글자를 바르게 고쳐 써 봅시다.

보기

아침에는 <u>햇</u>님을, 밤에는 달님을 만나요.

아	침	에	는		해	님	을	,
밤	에	는		달	님	을		만	나
요	.								

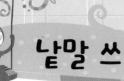

낱말 쓰기

1 할아버지, 할머니의 대화를 살펴봅시다.

여보, 초등학교 때 썼던 그림일기를 읽어 보니 '열심이 공부했다.'라고 썼었네요. 허허.

영감, 그땐 맞춤법을 잘 몰랐었네요. 다시 읽어 보니 재미있어요. 호호호.

2 잘못 쓴 글자를 살펴보고, 바르게 고쳐 써 봅시다.

열심이 공부했다.　　　→　　　열심히 공부했다.

(×)　　　　　　　　　(○)

열	심	히		공	부	했	다	.
열	심	히		공	부	했	다	.

3 다음 낱말을 바르게 따라 써 봅시다.

(1) 방을 | 깨 | 끗 | 이 | 청소하자.

(2) 도서실에서는 | 조 | 용 | 히 | 책을 읽어야 해.

(3) | 곰 | 곰 | 이 | 생각하여 보면 알 수 있어.

(4) | 수 | 북 | 이 | 쌓인 책을 모두 정리하였다.

(5) 학생들은 숙제를 | 꼼 | 꼼 | 히 | 해야 한다.

4 다음 낱말을 바르게 써 봅시다.

깨	끗	이						
조	용	히						
곰	곰	이						
수	북	이						
꼼	꼼	히						

1 글 〈비 오는 날〉의 내용을 바르게 써 봅시다.

	오	늘	은		해	님 이	안 ∨
떠	요	.					
	비		오	는		날 이 에	요 .
	오	늘	은		지	렁 이	가
나	와	요	.				
	비		오	는		날 이 에	요 .

오늘은 장화를 신어요.

비 오는 날이에요.

1 글 〈소금을 만드는 맷돌〉의 내용을 투명 종이 위에 따라 써 봅시다.

　어느　날, 도둑이
궁궐에　몰래　들어가 ∨
맷돌을　훔쳤습니다.
도둑은　배를　타고
바다를　건너다가　맷
돌을　시험하고　싶어
졌습니다.
　"나와라, 소금!"
　그러자　맷돌에서
하얀　소금이　쏟아져 ∨
나왔고, 배　안에　점
점　쌓여　갔습니다.
　"어떻게　하지?"

❶ 정훈이가 쓴 쪽지를 보고, 잘못 쓴 글자를 바르게 고쳐 써 봅시다.

하늘이에게

집에 도라갈 때, 나와 같이 꼬빠테 가 보지 않을래?
아침에 신기한 달팽이를 보았거든. 달팽이가 잘 있
는지 궁금해. 너와 꼭 가 보고 싶어.

정훈이가

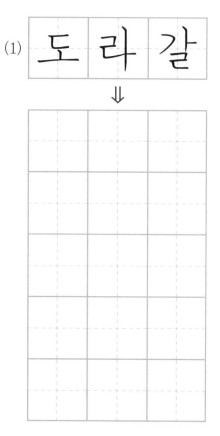

(1) 도 라 갈
⇩

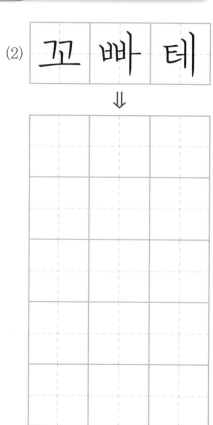

(2) 꼬 빠 테
⇩

1 다음은 윤주의 받아쓰기 노트입니다. 받아쓰기한 문장을 보고, 올바른 문장에는 ○표를, 틀린 문장에는 ×표를 해 봅시다.

	1 학년	3 반	15 번	보호자 확인	점 수
이름 : 홍 윤 주		받아쓰기			
(1) 꽃밭에 예쁜 꽃이 피어 있다.				( )	
(2) 사계절에는 봄, 여름, 가을, 겨울이 있다.				( )	
(3) 열심히 운동하면 몸이 튼튼해진다.				( )	
(4) 갑짜기 소나기가 내렸다.				( )	
(5) 나는 음식 중에서 뽂음밥을 가장 좋아한다.				( )	

2 다음 문장에서 잘못 쓴 글자를 찾아 바르게 고쳐 써 봅시다.

(1) 청소를 깨끗히 합니다.

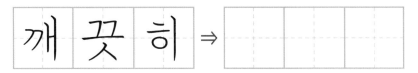

(2) 풀닢이 푸릇하다.

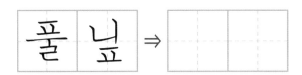

(3) 왜삼촌께서 간식을 사 주셨어요.

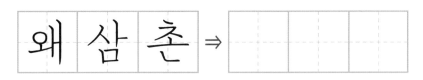

놀며 생각하기

길을 찾아라!

그림을 나타내는 낱말 중 옳은 낱말을 따라 길을 찾아가 봅시다. 그리고 마지막에 만난 동물을 예쁘게 색칠해 봅시다.

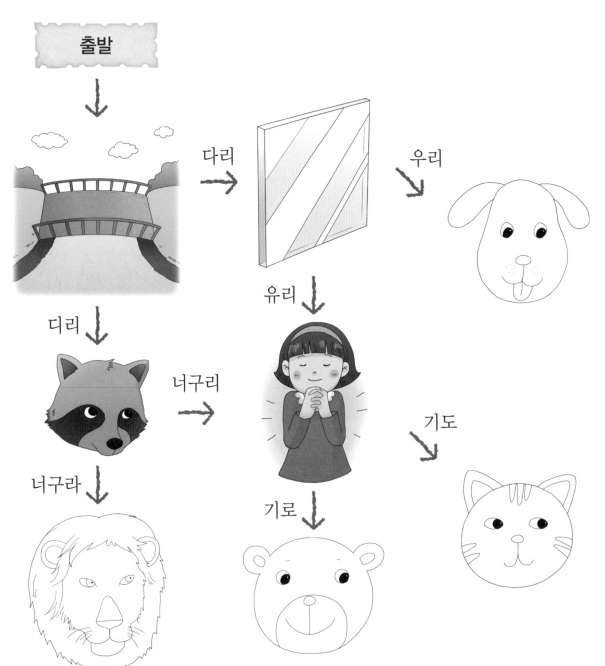

7 다르게 소리 나는 말

 글자와 다르게 소리 나는 낱말을 알아봅시다.

※ 다음은 학생들이 식당에 앉아 있는 모습입니다. 식당의 차림표에 쓰여 있는 글과 학생들의 대화를 살펴보고, 글자와 다르게 소리 나는 낱말을 찾아봅시다. 바른 맞춤법이 무엇인지도 생각해 봅시다.

 궁물은 '국물'로, 학꾜는 '학교'로 바르게 고쳐야 합니다.

다르게 소리 나는 말

1 글자와 다르게 소리 나는 낱말을 맞춤법에 맞게 바르게 써 봅시다.

[물꼬기]?

[궁물]?

[깍뚜기]?

물	고	기
물	고	기

국	물
국	물

깍	두	기
깍	두	기

2 다음 문장에서 밑줄 그은 낱말은 글자와 다르게 소리 나는 낱말입니다. **보기**와 같이 맞춤법이 바른 낱말에 ○표를 해 봅시다.

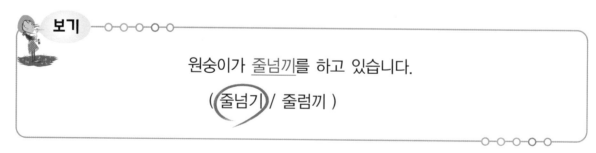

보기

원숭이가 <u>줄넘끼</u>를 하고 있습니다.

((줄넘기) / 줄럼끼)

(1) 여우는 동생과 <u>가치</u> 사이좋게 놉니다.

(같이 / 까치)

(2) 강아지가 토끼를 <u>따라감니다</u>.

(따라갑니다 / 딸아감니다)

글씨쓰기

1 다음 문장에서 틀린 글자를 바르게 고쳐 써 봅시다.

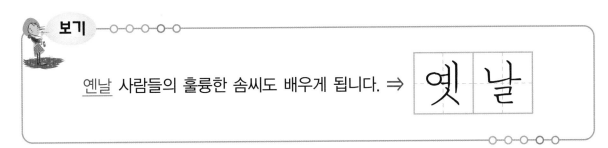

보기

옌날 사람들의 훌륭한 솜씨도 배우게 됩니다. ⇒ 옛 | 날

(1) 아름다운 부채를 만듭니다. ⇒ 만 | 듭 | 니 | 다

아	름	다	운		부	채	를
만	듭	니	다	.			

(2) 물건을 직쩝 만들어 볼 수 있습니다. ⇒ 직 | 접

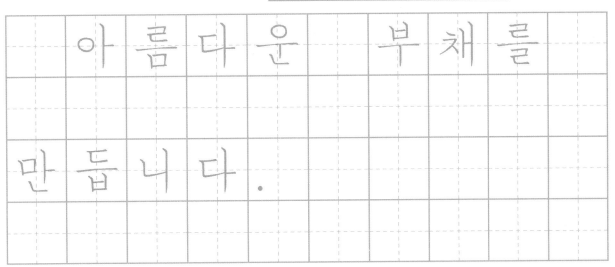

물	건	을		직	접		만	들
어		볼		수		있	습	니	다	.

문장 쓰기

1 다음 초대장의 내용을 바르게 써 봅시다.

우	리	별 이	생 겨 난	∨
날 을	기 념 하 는		잔 치	
에	지 구 의		친 구 를	
초 대 합 니 다 .		지 구 를		
대 표 할	수	있 는		동
물 을	보 내	주 세 요 .		

1 글 〈누구를 보낼까요?〉의 내용을 투명 종이 위에 따라 써 봅시다.

　이　초대장을　보고 V
많은　동물이　몰려들
었습니다.　서로　자기
가　지구를　대표하여 V
별나라에　가야　한다
고　한마디씩　하였습
니다.
　먼저,　동물　마을에
서　나이가　가장　많
은　거북　할아버지께
서　말씀하셨습니다.
　"내가　별나라에
가야　합니다."

1 글 〈누구를 보낼까요?〉의 내용을 바르게 써 봅시다.

	"	나	는		아	주		오	래
	전	부	터		지	구	에	서
	살	았	습	니	다	.	그	래	서	∨
	지	구	에		대	하	여		누
	구	보	다		잘		알	고
	있	지	요	.	여	러	분	이

태어나기 훨씬 전

에 일어났던 일들

도 나는 많이 알

고 있습니다. 그러

니까 내가 별나라

에 가야 합니다."

① 다음 **보기**에서 틀린 글자를 바르게 고쳐 써 봅시다.

보기

　　나는 공룡 시대로 가고 싶어. (1) <u>외냐하면</u>, 내 장래 희망이 공룡 박사라서 공룡에 대하여 더 (2) <u>자세이</u> 알고 싶기 때문이야. 거기서 공룡도 직접 만져 보고, 공룡이 (3) <u>조아하는</u> 먹이도 관찰할 수 있잖아? 그래서 공룡 시대로 꼭 가고 (4) <u>시퍼</u>.

(1) 외냐하면 ⇒ 왜 냐 하 면

왜 냐 하 면

(2) 자세이 ⇒ 자 세 히

자 세 히

(3) 조아하는 ⇒ 좋 아 하 는

좋 아 하 는

(4) 시퍼 ⇒ 싶 어

싶 어

2 다음 **보기**에서 틀린 글자를 바르게 고쳐 써 봅시다.

> **보기**
>
> 호랑이가 (1) 갑짜기 벌떡 일어나는 바람에 그만 등잔이 엎어졌습니다. 등잔의 뜨거운 (2) 기르미 (3) 쏘다졌습니다. 깜짝 놀란 호랑이는 펄쩍펄쩍 뛰었습니다. 호랑이는 (4) 야다니 났습니다.

(1) 갑짜기 ⇒

갑	자	기			
갑	자	기			

(2) 기르미 ⇒

기	름	이			
기	름	이			

(3) 쏘다졌습니다 ⇒

쏟	아	졌	습	니	다	.
쏟	아	졌	습	니	다	.

(4) 야다니 ⇒

야	단	이			
야	단	이			

3 다음 문장에서 틀린 글자를 바르게 고쳐 써 봅시다.

(1) 역시 겨울에는 따뜻한 <u>궁물</u>이 최고야.

⇒ 역시 겨울에는 따뜻한 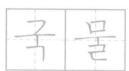이 최고야.

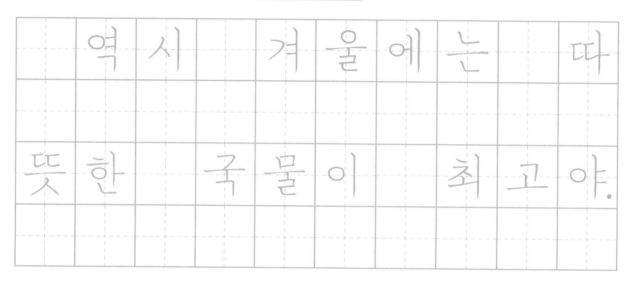

(2) 당신의 <u>바치</u> 아주 기름지군요.

⇒ 당신의 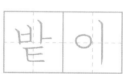 아주 기름지군요.

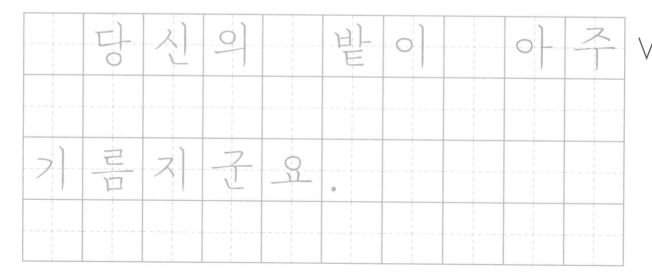

(3) <u>학꾜</u> 가는 길에는 <u>논뚜렁</u>을 지나간다.

⇒ | 학 | 교 | 가는 길에는 | 논 | 두 | 렁 | 을 지나간다.

학	교		가	는		길	에	는		∨
논	두	렁	을		지	나	간	다	.	

(4) <u>해도지</u>보러 동해로 가자.

⇒ | 해 | 돋 | 이 | 보러 동해로 가자.

해	돋	이	보	러		동	해	로	∨
가	자	.							

낱말 쓰기

1 태연이가 쓴 알림장을 보고, 틀린 글자를 바르게 고쳐 써 봅시다.

> **<알림장>**
>
> 1. 미술 준비물 – 생년필 준비하기
> 2. 줄넘끼 준비하기
> 3. 학교에 장난깜 가져오지 않기
> 4. 노리터에서 안전하게 놀기
> 5. 부모님 확인 (   )

(1) 생 년 필 ⇒ 색 연 필

(2) 줄 넘 끼 ⇒ 줄 넘 기

(3) 장 난 깜 ⇒ 장 난 감

(4) 노 리 터 ⇒ 놀 이 터

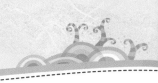

배운 내용 정리하기

❶ 다음 문장에서 옳은 낱말을 골라 바르게 다시 써 봅시다.

(1) 우리나라의 (해도지 / 해돋이)는 참 아름답다.

→ _____

(2) (학교 / 학꾜) 도서실에는 재미있는 책이 많다.

→ _____

❷ 다음 문장에서 틀린 글자를 바르게 고쳐 다시 써 봅시다.

(1) <u>외냐하면</u>, 배가 고팠기 때문이다.

→ _____

(2) 나는 정말 네가 보고 <u>시퍼</u>!

→ _____

(3) 내가 <u>조아하는</u> 음식은 카레이다.

→ _____

❸ 다음 중 '소리내어 읽을 때와 쓸 때가 같은 말'에 ○표를 해 봅시다.

(1) 낮아서 (　　　) 　　　　　(2) 오이　　(　　　)

(3) 잡으니 (　　　) 　　　　　(4) 국어　　(　　　)

놀며생각하기

사다리 따라 글자 만들기 놀이

놀이방법

사다리를 따라 내려가 글자와 받침을 연결하여 받침이 있는 글자를 완성하고 완성된 글자를 빈칸에 바르게 씁니다. (단, 사다리를 따라 내려오다가 갈림길이 나오면 옆으로 이동합니다. 위로 올라갈 수는 없습니다.)

소   바   파   조   이

ㅂ   ㅇ   ㄹ   ㅁ   ㄴ

(1)   (2)   (3)   밤   손

8 토박이말

 토박이말을 알아봅시다.

※ 정환이와 지은이의 대화를 보고 토박이말에 대하여 알아봅시다.

> 지은아,
> 간식의 토박이말을
> 알고 있니?

> 응, 알고 있어.
> 간식의 토박이말은
> 주전부리라고 해.

 토박이말을 골라 ○표를 해 봅시다.

아이들은 (간식을 / 주전부리를) 좋아한다.

 우리말에 처음부터 있던 말을 토박이말이라고 합니다.

토박이말

1 자주 사용하는 왼쪽의 낱말과 뜻이 같은 토박이말을 **보기**에서 골라 빈칸에 바르게 써 봅시다.

> **보기**
>
> 달걀   마파람   한가위

(1) 남풍 ⇒ | 마 | 파 | 람 |

(2) 추석 ⇒ | 한 | 가 | 위 |

(3) 계란 ⇒ | 달 | 걀 |

낱말 쓰기

1 우리 몸을 나타내는 토박이말을 써 봅시다.

머	리
머	리

코
코

귀
귀

다	리
다	리

2 색깔을 나타내는 토박이말을 써 봅시다.

빨	강
빨	강

노	랑
노	랑

보	라
보	라

검	정
검	정

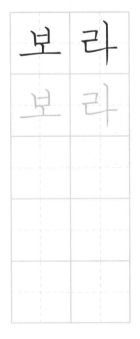

3 계절을 나타내는 토박이말을 바르게 써 봅시다.

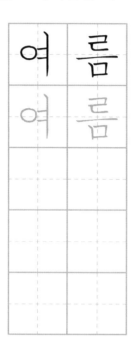

4 다음 그림이 나타내는 계절을 **보기**에서 골라 빈칸에 써넣어 봅시다.

보기

봄   여름   가을   겨울

글씨쓰기

❶ 글 〈자기 자랑〉의 내용을 바르게 써 봅시다.

어	느		날		밤	입	니	다	.
	서	호	가		자	는		동	안
에		눈	,	코	와		입	,	그
리	고		손	,	발	이		자	기 ∨
자	랑	을		시	작	하	였	습	니
다	.								

2 우리 몸을 나타내는 토박이말을 바르게 써 봅시다.

내가 없으면 연필을 잡을 수 없어.

내가 없으면 아무 것도 볼 수 없어.

손 손

눈 눈

내가 없으면 반듯하게 서 있을 수 없어.

내가 없으면 음식을 먹을 수 없어.

발 발

입 입

① 글 〈발 그리기〉의 내용을 투명 종이 위에 따라 써 봅시다.

"오늘 숙제는 우리 가족의 발 그리기예요. 얼른 이리 쪽으로 오세요." 먼저 주영이의 발을 그렸습니다. 한참 을 뛰어다닌 주영이도 는 까만 맨발을 화지에 올렸습니다. 발을 그린 뒤에 색칠을 하였습니다. 주영이의 발에는 까만 때를 그렸습니다.

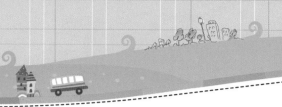

문장 쓰기

① 글 〈세모, 네모, 동그라미〉의 내용을 바르게 써 봅시다.

세	모	,		네	모	,		동	그	라
세	모	,		네	모	,		동	그	라
미	가			있	었	어	요	.		세	모
미	가			있	었	어	요	.		세	모
와			네	모	가		서	로		자
와			네	모	가		서	로		자
기		자	랑	을		하	였	어	요	.
기		자	랑	을		하	였	어	요	.

세모는 뾰족한 자

기 머리를 자랑하였

고, 네모는 넓적한

자기 얼굴을 자랑하

였어요. 동그라미는

아무 자랑도 하지

않았답니다. 그때, 갑

자기 비가 내렸어요.

① 자주 사용하는 왼쪽의 낱말과 뜻이 같은 토박이말을 찾아 선으로 잇고, 바르게 따라 써 봅시다.

(1) 남풍 •

(2) 추석 •

(3) 계란 •

(4) 간식 •

• (가)

• (나)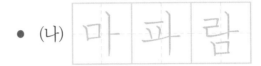

• (다)

• (라)

② 다음 그림이 나타내는 계절을 빈칸에 써넣어 봅시다.

계절이 바뀌자, 마른 잎이 끝도 없이 떨어졌습니다. 그래서 아저씨는 낙엽을 쓸어 태우며 고구마를 구워 먹었습니다.

놀며 생각하기

🎞 비밀을 찾아라!

Ⓐ 다음은 악당들의 쪽지입니다. 악당들은 이 쪽지를 보고 어딘가에 모이게 될 것입니다. 왕눈이가 쪽지의 암호를 풀어 악당을 검거할 수 있도록 함께 풀어 봅시다.
(화살표를 따라 이동하면 암호가 풀립니다.)

 시작

호↓	박←	물↑	관←	서←	도↑	자→
수→	공→	원↓	수↑	영→	장←	기←
술←	궁←	분↓	앞→	시↓	뒤→	쪽→
미→	간←	수→	대↓	장←	편↑	지↓
도↓	자→	세↓	앞←	납→	시→	다→
둘↑	째↓	번←	서→	만↑	장←	골↓
장→	의→	자→	에↑	들→	에↑	다→

▶ 위 쪽지의 암호는 무엇인가요?

_____

모범 답안

① 바른 자세

13쪽

1. (1) ×, (2) ×, (3) ×, (4) ○

2. (1) 가위, (2) 축구공, (3) 아기

② 재미있는 낱자

15쪽

(1) ○, (2) ×

22쪽 ~ 23쪽

1. (1) ㅅ + ㅏ = 사
   (2) ㅅ + ㅗ = 소
   (3) ㅊ + ㅏ = 차
   (4) ㅊ + ㅗ = 초
   (5) 사 + ㄴ = 산
   (6) 소 + ㄴ = 손
   (7) 차 + ㅇ = 창

27쪽

1. ④

2. (1) 기역, (2) 디귿, (3) 시옷

3. (1) 개구리, (2) 항아리,
   (3) 병아리

28쪽

ㄱ	ㅎ	ㄱ	ㄱ	ㅎ	ㅎ	ㅎ	ㄱ	ㄱ	ㄱ	ㅎ	ㄱ
ㄴ	ㄷ	ㅂ	ㅂ	ㅂ	ㄷ	ㅂ	ㅂ	ㅂ	ㄷ	ㅂ	ㅂ
ㄷ	ㄹ	ㅁ	ㅁ	ㅁ	ㄹ	ㄹ	ㅁ	ㅁ	ㄹ	ㅁ	ㅁ
ㅅ	ㅊ	ㅊ	ㅊ	ㅊ	ㅊ	ㅅ	ㅊ	ㅊ	ㅅ	ㅊ	ㅅ
ㅏ	ㅏ	ㅏ	ㅏ	ㅏ	ㅐ	ㅐ	ㅐ	ㅐ	ㅐ	ㅏ	ㅐ
ㅕ	ㅛ	ㅕ	ㅛ	ㅛ	ㅛ	ㅕ	ㅛ	ㅕ	ㅕ	ㅕ	ㅛ
ㅣ	ㅣ	ㅣ	ㅣ	ㅣ	ㅣ	ㅣ	ㅣ	ㅣ	ㅣ	ㅣ	ㅣ
ㅠ	ㅡ	ㅠ	ㅡ	ㅡ	ㅡ	ㅠ	ㅠ	ㅠ	ㅡ	ㅠ	ㅡ

보물 : 우정

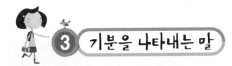

③ 기분을 나타내는 말

41쪽

1. ④

2. ④

3. ⑤

42쪽

④ 반복되는 말

55쪽

1. (1) 방긋방긋, (2) 콩콩콩콩

2. (1) (나), (2) (가), (3) (다)

56쪽

하	강	섭	달	마	크	림	말	룩	얼
막	이	만	찬	컹	멍	국	캥	한	래
강	언	에	스	퀸	암	닭	거	산	고
마	하	엉	나	터	펭	고	루	강	돌
환	군	독	선	강	아	지	머	끼	토
장	수	황	명	조	자	라	지	아	망
리	던	턴	타	혼	지	아	송	훈	악
탕	리	알	살	우	여	던	이	룰	어
자	홍	끼	장	늑	대	국	장	랑	삼
사	콩	환	코	방	콕	표	범	렁	호

모범 답안

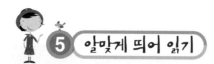

5 알맞게 띄어 읽기

61쪽

3. (1) (라), (2) (나), (3) (가), (4) (다)

64쪽

3. (1) , ?　　　　(2) ! ?　　　　(3) .

69쪽

1.
며	칠	이		지	나	서		와	∨
보	니	,		새	는		한		마	리
도		없	고		둥	지	만		달
린		나	무	가		바	람	에	
울	고		있	었	습	니	다	.	

2. (1) ?　　　　(2) " , ! "

70쪽

교무실, 교실, 정직, 학교, 나비, 나무 등

6 틀리기 쉬운 낱말

73쪽

1. (1) 나무꾼, (2) 갑자기,
　(3) 떡볶이, (4) 볶음밥

76쪽

6. (1) 배가 불러서 도저히 더 못 먹겠어.
　(2) 선생님께서 숙제를 꼼꼼히 검사하셨다.

7. 해님

82쪽

1. (1) 돌아갈, (2) 꽃밭에

83쪽

1. (1) ○, (2) ×, (3) ○, (4) ×, (5) ×

2. (1) 깨끗이, (2) 풀잎,
　(3) 외삼촌

84쪽

찾는 동물은 '고양이' 입니다. 그러므로 고양이를 예쁘게 색칠하면 됩니다.

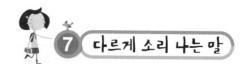 7 다르게 소리 나는 말

86쪽

2. (1) 같이, (2) 따라갑니다

97쪽

1. (1) 우리나라의 해돋이는 참 아름답다.
　(2) 학교 도서실에는 재미있는 책이 많다.

2. (1) 왜냐하면, 배가 고팠기 때문이다.
　(2) 나는 정말 네가 보고 싶어!
　(3) 내가 좋아하는 음식은 카레이다.

3. '(2) 오이' 만 ○표를 합니다.

98쪽

(1) 입 , (2) 종 , (3) 팔

 8 토박이말

99쪽

주전부리를

102쪽

4. 겨 울

109쪽

1. (1) (나), (2) (다), (3) (가), (4) (라)

2. 가 을

110쪽

암호 : 호수공원 분수대 앞 세 번째 의자에서 만납시다.

단계별
받아쓰기

받아쓰기 급수 확인서

급수	점수	급수
1급	점	
2급	점	
3급	점	
4급	점	
5급	점	
6급	점	
7급	점	
8급	점	
9급	점	
10급	점	

급수	점수	급수
11급	점	
12급	점	
13급	점	
14급	점	
15급	점	
16급	점	
17급	점	
18급	점	
19급	점	
20급	점	

❶ 문장 부호와 띄어쓰기도 함께 정확히 공부합니다.

❷ 예쁘고 바른 글씨로 받아쓰기합니다.

❸ ∨표시는 띄어 읽기를 표시하는 기호입니다. 그러므로 받아쓰기를 할 때에는 쓰지 않습니다.

받아쓰기 카드 활용 방법

❶ 받아쓰기 급수 확인서는 받아쓰기 공책 맨 뒷장에 붙입니다.

❷ 받아쓰기 카드는 선에 맞춰 예쁘게 자르고, 왼쪽 위에 구멍을 뚫어 둥근 클립을 끼워 사용합니다. (받아쓰기 카드를 코팅하면 구겨지지 않아요.)

❸ 집에서 받아쓰기 연습을 하고 틀린 단어나 문장은 공책에 여러 번 읽고 쓰면서 익히도록 합니다.

받아쓰기 카드

1단계

모음자

쓸 때	읽을 때	쓸 때	읽을 때
ㅏ	아	ㅛ	요
ㅑ	야	ㅜ	우
ㅓ	어	ㅠ	유
ㅕ	여	ㅡ	으
ㅗ	오	ㅣ	이

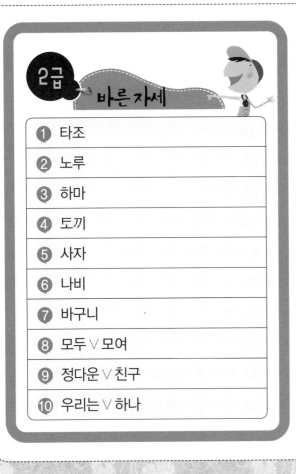

2급 바른 자세

1. 타조
2. 노루
3. 하마
4. 토끼
5. 사자
6. 나비
7. 바구니
8. 모두∨모여
9. 정다운∨친구
10. 우리는∨하나

4급 재미있는 낱자

1. 가방
2. 가위
3. 가을
4. 바위
5. 내∨꿈
6. 별나라
7. 누가∨사는지
8. 우주선을∨타고
9. 궁금합니다.
10. 보고∨싶습니다.

1급 바른 자세

1. 나
2. 너
3. 우리
4. 아버지
5. 어머니
6. 아기
7. 우리 ∨ 가족
8. 내 ∨ 친구
9. 고마운 ∨ 선생님
10. 즐거운 ∨ 학교

자음자

쓸 때	읽을 때	쓸 때	읽을 때
ㄱ	기역	ㅇ	이응
ㄴ	니은	ㅈ	지읒
ㄷ	디귿	ㅊ	치읓
ㄹ	리을	ㅋ	키읔
ㅁ	미음	ㅌ	티읕
ㅂ	비읍	ㅍ	피읖
ㅅ	시옷	ㅎ	히읗

5급 재미있는 낱자

1. 오리
2. 개나리
3. 병아리
4. 항아리
5. 오자 ∨ 마자 ∨ 가래나무
6. 가다 ∨ 보니 ∨ 가닥나무
7. 가자 ∨ 가자 ∨ 감나무
8. 배가 ∨ 아파 ∨ 배나무
9. 앵도라진 ∨ 앵두나무
10. 오자 ∨ 오자 ∨ 옻나무

3급 재미있는 낱자

1. 배추
2. 포도
3. 호랑이
4. 여우
5. 사과
6. 고양이
7. 손
8. 창
9. ㄱㄴㄷㄹㅁㅂㅅㅇㅈㅊㅋㅌㅍㅎ
10. ㅏㅑㅓㅕㅗㅛㅜㅠㅡㅣ

6급 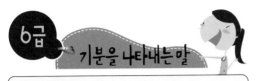 기분을 나타내는 말

1. 기뻐요.
2. 슬퍼요.
3. 좋아요.
4. 화나요.
5. 지루해요.
6. 부끄러워요.
7. 즐거워요.
8. 재밌어요.
9. 보드랍다.
10. 피곤하다.

8급  기분을 나타내는 말

1. 고양이는 ∨ 나만 ∨ 따라 ∨ 해.
2. 저녁나절
3. 귀 ∨ 기울여 ∨ 보아
4. 오늘부터는 ∨ 내가
5. 고양이를 ∨ 따라 ∨ 해야지.
6. 깜깜한 ∨ 창밖을
7. 찬찬히 ∨ 살펴보는 ∨ 거야.
8. 무섭지 ∨ 않아.
9. 베짱이 ∨ 친구 ∨ 돕기
10. 악어 ∨ 마을 ∨ 청소

10급 반복되는 말

1. 타박타박
2. 대답하지요.
3. 쓰러집니다.
4. 고슴도치
5. 무가 ∨ 쑥쑥 ∨ 뽑혀
6. 아기의 ∨ 대답
7. 신규야 ∨ 부르면
8. 코부터 ∨ 발름발름
9. 눈부터 ∨ 생글생글
10. 나는 ∨ 세상에서

12급 알맞게 띄어 읽기

1. 아! ∨ 이가 ∨ 아파요.
2. '그쳐라, 밥!'
3. "나와라, 소금!"
4. 나는 ∨ 8살입니다.
5. 소 ∨ 세 ∨ 마리
6. "우리 ∨ 힘을 ∨ 합칠까?"
7. 맛있게 ∨ 먹었다.
8. 생일잔치를 ∨ 했다.
9. 피자를 ∨ 사 ∨ 먹었다.
10. 아버지가 ∨ 방에 ∨ 들어가시다.

9급 반복되는 말

1. 개미는 ∨ 작아.
2. 괜찮아!
3. 영차, 영차
4. 나는 ∨ 힘이 ∨ 세.
5. 가시가 ∨ 많아.
6. 뾰족뾰족
7. 나는 ∨ 빨리 ∨ 달려.
8. 타조는 ∨ 못 ∨ 날아.
9. 그럼 ∨ 너는?
10. 가장 ∨ 크게 ∨ 웃을 ∨ 수 ∨ 있어.

7급 기분을 나타내는 말

1. 고마워!
2. 미안해!
3. 힘내!
4. 잘했어!
5. 예뻐!
6. 넌 ∨ 역시 ∨ 멋져!
7. 참 ∨ 착하구나.
8. 참 ∨ 친절하구나.
9. 지저분하다.
10. 깨끗하다.

13급 알맞게 띄어 읽기

1. 초롱이와 ∨ 함께
2. 얼마나 ∨ 컸는지
3. 친한 ∨ 친구가 ∨ 되었어.
4. 눈빛이 ∨ 별처럼
5. 좋아할 ∨ 거야.
6. 우리 ∨ 집에 ∨ 놀러 ∨ 올래?
7. 허리춤에 ∨ 넣어 ∨ 갈까
8. 둥지째 ∨ 떼어 ∨ 갈까?
9. 며칠이 ∨ 지나서 ∨ 와 ∨ 보니
10. 새는 ∨ 한 ∨ 마리도 ∨ 없고

11급 반복되는 말

1. 오는 ∨ 길
2. 깡충깡충
3. 재잘대며
4. 걸어오다가
5. 살래살래 ∨ 흔드는
6. 쫑긋쫑긋 ∨ 세우는
7. 꿀밤을 ∨ 먹이려다
8. 혼내 ∨ 주려다 ∨ 그만뒀다.
9. 깔깔대며 ∨ 배틀배틀
10. 어깨가 ∨ 들썩들썩

14급 틀리기 쉬운 낱말

① 외삼촌

② 그런데

③ 사계절

④ 비∨오는∨날

⑤ 오늘은∨해님이∨안∨떠요.

⑥ 풀잎이∨푸릇하다.

⑦ 갑자기∨바람이∨불어와서

⑧ 도저히∨더∨못∨먹겠어.

⑨ 도서실에서는∨조용히

⑩ 숟가락과∨젓가락을∨사용합니다.

16급 틀리기 쉬운 낱말

① 볶음밥

② 꼿꼿이

③ 선녀와∨나무꾼

④ 가을에는∨나뭇잎이∨물들어.

⑤ 떡볶이가∨가장∨좋아.

⑥ 곰곰이∨생각하여∨보면

⑦ 수북이∨쌓인∨책

⑧ 맷돌을∨훔쳤습니다.

⑨ 하얀∨소금이∨쏟아져∨나왔고

⑩ 점점∨쌓여∨갔습니다.

18급 다르게 소리 나는 말

① 색연필∨준비하기

② 장난감∨가져오지∨않기

③ 놀이터에서∨안전하게∨놀기

④ 논두렁을∨지나간다.

⑤ 해돋이보러∨동해로∨가자.

⑥ 당신의∨밭이∨아주∨기름지군요.

⑦ 나는∨공룡∨시대로∨가고∨싶어.

⑧ 기차에∨꼭∨타고∨싶어.

⑨ 왜냐하면, 배가∨고팠기∨때문이다.

⑩ 내가∨좋아하는∨음식은∨카레이다.

20급 토박이말

① 달걀

② 빨강

③ 아이들은∨주전부리를∨좋아한다.

④ 동그라미가∨있었어요.

⑤ 세모는∨뾰족한∨자기∨머리를

⑥ 네모는∨넓적한∨자기∨얼굴을

⑦ 서로∨자기∨자랑을∨하였어요.

⑧ 우리∨가족의∨발∨그리기

⑨ 맨발을∨도화지에∨올렸습니다.

⑩ 까만∨때를∨그렸습니다.

17급 다르게 소리 나는 말

1. 물고기
2. 줄넘기
3. 깍두기
4. 옛날
5. 어묵 ∨ 국물은 ∨ 무료
6. 학교에서 ∨ 재미있었어.
7. 동생과 ∨ 같이 ∨ 사이좋게
8. 토끼를 ∨ 따라갑니다.
9. 아름다운 ∨ 부채를 ∨ 만듭니다.
10. 물건을 ∨ 직접 ∨ 만들어

15급 틀리기 쉬운 낱말

1. 시계
2. 여덟
3. 심술쟁이
4. 열심히 ∨ 공부했다.
5. 방을 ∨ 깨끗이 ∨ 청소하자.
6. 기분이 ∨ 몹시 ∨ 좋지 ∨ 않았다.
7. 누구와 ∨ 짝꿍이 ∨ 될까?
8. 집으로 ∨ 돌아갈 ∨ 때
9. 꽃밭에 ∨ 가 ∨ 보지 ∨ 않을래?
10. 신기한 ∨ 달팽이를 ∨ 보았거든.

틀리기 쉬운 받아쓰기 다시 살펴보기

1. 꼿꼿이
2. 괜찮아!
3. 맛있게 ∨ 먹었다.
4. 장난감 ∨ 가져오지 ∨ 않기.
5. 수북이 ∨ 쌓인 ∨ 책
6. 어깨가 ∨ 들썩들썩
7. 쫑긋쫑긋 ∨ 세우는
8. 깜깜한 ∨ 창밖을
9. 숟가락과 ∨ 젓가락을 ∨ 사용합니다.
10. 꽃밭에 ∨ 가 ∨ 보지 ∨ 않을래?

19급 다르게 소리 나는 말

1. 지구의 ∨ 친구를 ∨ 초대합니다.
2. 많은 ∨ 동물이 ∨ 몰려들었습니다.
3. 내가 ∨ 별나라에 ∨ 가야 ∨ 합니다.
4. 태어나기 ∨ 훨씬 ∨ 전에
5. 누구보다 ∨ 잘 ∨ 알고 ∨ 있지요.
6. 갑자기 ∨ 벌떡 ∨ 일어나는 ∨ 바람에
7. 뜨거운 ∨ 기름이 ∨ 쏟아졌습니다.
8. 깜짝 ∨ 놀란 ∨ 호랑이는
9. 펄쩍펄쩍 ∨ 뛰었습니다.
10. 호랑이는 ∨ 야단이 ∨ 났습니다.